AF396324

TRAITÉ

DE PARTICIPES

A

L'USAGE DE LA PENSION LOUIS

ET

DE LA PENSION DIRIGÉE PAR Mme HÉREAU.

Prix, 60 centimes.

AUXERRE,

DE L'IMPRIMERIE DE GALLOT-FOURNIER.

Se vend chez Mme FRANÇOIS-FOURNIER, libraire.

1829.

DE PÂTISSERIE

À L'USAGE [illegible]

ET

[illegible]

[illegible] Prix [illegible]

PARIS.
[illegible]

1839.

À mes Élèves,

hommage

de ma sincère affection,

Louis.

DU PARTICIPE EN GÉNÉRAL.

On appelle *participe*, deux inflexions que prend le verbe à l'infinitif.

L'une est celle que l'on nomme *participe présent*, on appelle l'autre *participe passé*.

Je m'occuperai d'abord de cette dernière espèce de participe.

Il exprime ou un état ou une action ;

1° L'état simplement, est désigné par le participe seul.

2° L'état avec antériorité ou postériorité est désigné par les différens temps du verbe *être*.

3° L'action avec antériorité ou postériorité est désignée par les différens temps du verbe *avoir*.

Le participe passé est assujetti à diverses régles qui ont pour objet :

1° L'auxiliaire dont le participe est accompagné ;

2° La place du complément ;

3° Les différentes espèces de verbes auxquelles le participe appartient.

Avant de nous occuper de ces différentes régles, plaçons d'abord ici quelques observations.

Première observation.—Un verbe peut avoir deux régimes ou deux complémens, l'un *direct* et l'autre *indirect*.

Quand je dis : *donnez cette lettre à votre ami*, j'ai les deux complémens dont je viens de parler, le premier, *cette lettre*, est un complément direct, le second, *à votre ami*, est le complément indirect ; il est toujours déterminé par une des prépositions *à* ou *de*.

2ᵉ **Observation.** — Lorsque je dis *donnez cette lettre à votre ami*, la préposition est exprimée ; mais si j'emploie une autre tournure, et que je dise : *donnez-lui cette lettre*, la préposition n'est plus exprimée ; elle est renfermée dans le pronom ; cette phrase équivaut donc à celle-ci, *donnez cette lettre à lui*, tournure que l'euphonie et la concision du langage n'ont point permis d'adopter.

3ᵉ **Observation.** — Ce pronom *lui*, employé comme complément, est toujours indirect. Les pronoms *me*, *te*, *nous*, *vous*, *se*, sont tantôt employés comme complémens directs, et tantôt comme complémens indirects ; *le*, *la*, *les*, et le pronom relatif *que*, sont toujours employés comme complémens directs.

4e OBSERVATION. — Au reste, quelle que soit la modification implicite que reçoivent les pronoms, ils sont toujours placés avant le participe. Le pronom *lui* seulement, échappe à cette règle.

Peut-être, ces observations préliminaires paraîtront minutienses; mais elles sont indispensables, et une fois bien conçues, elles abrègent de beaucoup l'étude des participes.

RÈGLES GÉNÉRALES

DU PARTICIPE PASSÉ.

Première Règle.

Le participe passé qui n'est accompagné d'aucun auxiliaire exprime un état; dès-lors il rentre dans la règle générale des adjectifs qualificatifs ;

Tout adjectif s'accorde en genre et en nombre avec le nom qu'il qualifie, ou dont il détermine l'état.

Donc, tout participe rangé dans la classe de ceux dont nous venons de parler, devra s'accorder en genre et en nombre avec le nom dont il déterminera l'état. Ainsi nous dirons :

Un arbre *cassé*,   des arbres *cassés*.

Une rose *flétrie*,   des roses *flétries*, etc.

Seconde Règle.

Le participe accompagné de l'auxiliaire être remplit la fonction d'attribut, et comme tel, il s'accorde en genre et en nombre avec le sujet du verbe.

Remarque. On appelle attribut tout adjectif séparé par le verbe être du nom qu'il qualifie ou dont il détermine l'état.

D'après cette règle, nous écrirons :

Cet homme *est accablé* par le malheur.

Ces hommes *sont accablés* par le malheur.

Cette femme *est accablée* par le malheur.

Ces femmes *sont accablées* par le malheur.

Troisième Règle.

Le participe accompagné de l'auxiliaire *avoir*, reste invariable s'il n'a pas de complément, ou si le complément est après le participe; d'après ce principe, on dira :

Cet homme *a bâti*.

Ces hommes *ont bâti*.

Cet homme *a bâti* une maison.

Ces hommes *ont bâti* une maison.

Quatrième Règle.

Le participe passé accompagné de l'auxiliaire *avoir* et précédé de son complément, s'accorde en genre et en nombre avec ce complément :

Le livre *que* nous *avons lu*.
Les livres *que* nous *avons lus*.
L'arbre *que* nous *avons planté*.
Les arbres *que* nous *avons plantés*.

Avant de passer à quelques observations particulières, peut-être ne sera-t-il pas inutile d'indiquer la méthode dont je me suis servi à l'occasion de cette quatrième règle ; je l'ai jugée facile pour les commençans.

Cette méthode est l'analyse chiffrée.

Le chiffre 1 indique le sujet et ses modifications,

——— 2 ——— le verbe.

——— 3 ——— le complément direct.

——— 3^3 ——— le complément direct qui est lui-même complément de complément.

——— 4 ——— le complément indirect.

Cette analyse qui n'a rien de bien extraordinaire, a l'avantage d'aider l'œil, et en même temps de soulager l'attention en diminuant les efforts de mémoire.

La quatrième règle offre encore une obser-

I.

vation à faire ; elle présente souvent des phrases incidentes ; je pense qu'il est bon de les faire remarquer à l'Elève ; lorsqu'il aura bien décomposé ses propositions il verra beaucoup mieux l'ensemble grammatical des mots qui composent sa phrase.

RÈGLES PARTICULIÈRES.

§ 1er *Participe passé des verbes pronominaux.*

1º DU VERBE PRONOMINAL.

Le verbe appelé pronominal est celui qui se conjugue avec deux pronoms de la même personne dont l'un sert de sujet et l'autre de complément. Il faut remarquer cependant, 1º qu'à la 3e personne le sujet peut être un nom.

2º Que le premier pronom est toujours sujet.

3º Que le second peut être complément direct ou indirect.

Il y a deux espèces de verbes pronominaux ; le verbe essentiellement pronominal, et le verbe accidentellement pronominal.

Le verbe essentiellement pronominal est celui qui ne peut se conjuguer sans être accompagné de deux pronoms de la même personne, et qui par-là même est peu susceptible de décompo-sition (*). Dans cette classe rentrent les verbes, *je me repens, je m'abstiens, je m'empare.*

On appelle verbes accidentellement prono-minaux, ceux qui peuvent se conjuguer sans être accompagnés de deux pronoms de la même personne, c'est-à-dire, qui ont leur verbe actif correspondant, et qui ne prennent ce mode de conjugaison que par circonstance. Dans cette classe viennent se ranger les verbes, *se louer, se féliciter*, etc.

Nous ferons encore observer que quelques verbes pronominaux, quoiqu'ayant un verbe actif correspondant, sont considérés comme l'étant essentiellement. Tel est le verbe *s'aper-cevoir,* tels sont encore quelques autres que l'usage m'a fait découvrir; mais que ma mé-moire ne me fournit pas maintenant.

RÈGLES RELATIVES A CES PARTICIPES.

1° Le participe passé d'un verbe essentiel-

(*) Je dis que ces verbes sont *peu* susceptibles de dé-composition, parce qu'en effet, ils peuvent se décomposer, en recourant à l'étymologie; ainsi, je *m'abstiens*, venant de *abstineo* pourra se décomposer ainsi; je tiens moi loin de etc. Mais cette décomposition, un peu trop détournée, ne peut intéresser que le Grammairien, et n'est d'aucune utilité pour l'Élève.

lement pronominal s'accorde toujours avec son sujet ; *nous nous sommes abstenus , nous nous sommes repentis, nous nous sommes aperçus*, etc.

2° Lorsqu'un verbe est accidentellement pronominal, le complément, comme nous l'avons vu, est toujours un pronom , et par conséquent, il est toujours placé avant le participe ; mais il peut être complément direct ou complément indirect, c'est-à-dire, avoir une préposition qui y soit implicitement renfermée.

Or, pour savoir si le complément est direct ou indirect, il faut tourner le verbe *être* par le verbe *avoir ;* si le pronom qui précède le participe est complément direct , le participe s'accorde ; est-il , au contraire , indirect ? le participe passé reste invariable.

EXEMPLES.

1.er. Nous nous sommes loués d'avoir su encourager ces enfans.

Phrase correspondante : Nous avons loué nous d'avoir su encourager ces enfans.

Faisant ensuite l'application de l'analyse chiffrée , à la phrase plus haute , elle donne :

1 3 2 4

Nous nous sommes loués d'avoir su encourager ces enfans.

2ᵉ Nous nous sommes dit des injures.

Phrase correspondante:

1 2 3 4

Nous avons dit des injures à nous.

Application de l'analyse à la première phrase.

1 4 2 3

Nous nous sommes dit des injures.

ANALYSE plus COMPOSÉE

Les injures (que nous nous sommes dites) ont déplu.

1 2 1

Les injures ont déplu (nous

2 3 4

avons dit lesquelles injures *à nous.*)

1 3 1 4

Les injures (que nous nous

2 2

sommes dites) ont déplu.

Le participe des verbes pronominaux neutres est toujours invariable: *Nous nous sommes déplu, nous nous sommes succédé, nous nous sommes souri,* etc.

Il y a cependant une exception pour *se plaire* et *se déplaire*, signifiant *se bien* ou *se mal trouver.* Comme dans ces phrases : *la vigne s'est plue dans ce terrain ; ces arbres se sont déplus où vous les avez plantés.*

N. B. Tous les grammairiens ne sont pas d'accord de cette exception. Le verbe *s'arroger*, que l'on a rangé dans cette classe, s'accorde cependant lorsqu'il a un complément avant lui ; ainsi, on dira, nous nous sommes *arrogé* des droits ; mais on dira aussi, les droits *que* nous nous sommes *arrogés.*

§ 2. *Participe passé, suivi d'un verbe à l'infinitif.*

Lorsque le participe passé est suivi d'un verbe à l'infinitif, le complément peut dépendre du participe passé ou du verbe à l'infinitif ; pour s'en assurer, il y a plusieurs choses à remarquer.

1° Si l'infinitif est neutre, il est certain que le complément ne peut dépendre que du participe.

2° Lorsque le verbe à l'infinitif a un complément placé après lui, il est encore évident que le complément qui est placé avant le participe dépend de ce participe.

3° Si aucun de ces cas ne se présente, il peut

y avoir doute ; alors il faut tourner l'infinitif par le participe présent : ici deux cas se présentent ;

Ou l'infinitif peut se tourner par le participe présent ; alors, accord du participe.

Ou l'infinitif ne peut se tourner par le participe présent ; alors le participe passé reste invariable.

EXEMPLES.

1er. Cette femme (que j'ai vue peindre) maniait très-bien le pinceau.

Ici, on peut tourner l'infinitif par le participe, alors l'analyse donne la solution suivante :

$$\overset{1}{\text{Cette femme}} \quad \overset{2}{\text{maniait très-bien}} \quad \overset{3}{\text{le pinceau}}$$

$$(\overset{1}{\text{j'ai}} \, \overset{2}{\text{vu}} \, \text{laquelle} \, \overset{3}{\text{femme peignant}}).$$

Appliquant cette analyse à la phrase plus haut, nous aurons :

$$\overset{1}{\text{Cette femme}} \; \overset{3}{(} \overset{1}{\text{que j'ai}} \, \overset{2}{\text{vue peindre}}) \; \overset{2}{\text{maniait}}$$

$$\overset{3}{\text{très-bien le pinceau.}}$$

2e. Cette femme (que j'ai vu peindre), était très-ressemblante.

Ici la contexture de la phrase prouve évidemment que ce n'était point elle qui peignait, qu'elle n'était point peignant. Ainsi la décomposition nous donnera :

$$\overset{1}{\text{Cette femme}} \overset{2}{\text{était très ressemblante}} (\overset{\overline{1\quad 2}}{\text{j'ai vu}}$$

$$\overset{3}{\text{peindre}}\ \overset{3^3}{\text{laquelle}}).$$

Appliquant cette analyse à la phrase, nous aurons :

$$\overset{1}{\text{Cette femme}} (\overset{3^3}{\text{que}}\ \overset{\overline{1\quad 2}}{\text{j'ai vu}}\ \overset{3}{\text{peindre}}) \overset{2}{\text{était très-}}$$
ressemblante.

3ᵉ *Exemple, verbe neutre.*

Les hommes que nous avons vus *entrer, danser*, etc.

Les femmes que nous avons vues *entrer, danser, sortir*, etc.

La raison de cet accord de participe est facile à saisir, puisque le verbe neutre n'a pas de complément direct, il faut de toute nécessité que le complément dépende du participe.

4ᵉ. Je vous ai vus, Messieurs, *boire* les liqueurs que vous vous êtes versées.

Puisque le verbe *boire* a un complément, il est évident que le complément *vous* dépend du participe *vus*. Cette règle est fondée sur ce que nous avons dit dans les leçons précédentes, qu'un même verbe ne pouvait avoir deux complémens directs.

§ 3. *Participe passé, entre deux* que.

Quelquefois le participe passé se trouve placé entre deux *que*, alors il faut observer que le premier de ces deux *que* est toujours pronom relatif, et le second toujours conjonction ; or, le pronom relatif dépend toujours du dernier verbe, par conséquent, si ce dernier verbe est participe, il y a toujours accord.

Les devoirs, *que* je vous ai dit *que* vous auriez *achevés* demain, sont trop courts.

La phrase doit s'analyser ainsi :

1 2 1 2 4

Les devoirs sont trop courts (je ai dit à vous

3

que vous auriez aehevés lesquels demain.

1 2 4 1 2 3

Je ai dit à vous) que (vous auriez achevés lesquels demain.)

Et ensuite, appliquant cette analyse, nous aurons :

1 3 1 4 2

Les devoirs (que) (je vous ai dit) (que)

3

1 2 2

(vous auriez achevés demain), sont trop courts.

Au reste, cette tournure étant trop désagréable pour l'euphonie, nous ne conseillons point de l'employer.

§ 4. *Participe passé, devant un infinitif précédée d'une préposition.*

Ici, il se présente encore deux cas, mais dont ls solution n'est pas difficile.

Je suppose ces deux phrases :

1° La promesse que vous m'avez *faite* de bien travailler.

2° Les fautes que vous m'avez *promis* d'éviter.

Je verrai d'abord si dans la première je puis placer le *que* immédiatement après le verbe *fait*.

La promesse de bien travailler (vous m'avez *fait* laquelle).

Cette décomposition me prouve que la transposition peut s'opérer, dès-lors, je n'hésite plus, il y a accord.

Cette transposition ne pouvant se faire dans le second cas, puisqu'elle me donnerait ce résultat : *vous m'avez promis* lesquelles fautes ; j'en conclus que le participe reste invariable.

§ 5. *Participe passé, précédé du mot* le, *tenant la place d'un adjectif.*

Ce participe est toujours invariable, ou mieux, s'accorde toujours avec le pronom *le*.

Cette dame est plus musicienne que je ne l'avais cru.

La langue française est plus difficile que je l'avais pensé.

Nous savons déjà qu'un adjectif ne peut jamais être remplacé par le pronom le ; si je fais cette question à une dame : *Etes-vous musicienne?* elle devra répondre : *oui, je le suis.* Dans le cas présent, la règle est la même. C'est le pronom *le* qui tient la place des deux adjectifs *musicienne* et *difficile*; c'est donc avec lui que le participe s'accorde.

§ 6. *Participe passé des verbes à la fin d'une phrase.*

Ces participes sont toujours invariables; cette règle est fondée sur ce que le complément dépend toujours d'un infinitif sous-entendu.

Je lui ai fait tous les complimens que j'ai *dû* (suppléez *lui faire*).

Je lui ai donné toutes les récompenses que j'ai pu (suppléez *lui donner*).

§ 7. *Participe passé*, fait *devant un infinitif.*

Ce participe est toujours invariable ; il ne fait qu'un avec le verbe auquel il se trouve réuni ; il offre une idée tellement indivisible, que lorsqu'il est réuni à un verbe neutre, il lui communique la force active.

EXEMPLES.

1° Nous les avons fait *tomber* ;

2° Nous les avons fait *habiller* ;

3° Nous les avons fait *courir*, etc.

Si, comme dans le second exemple, ce participe se trouve réuni à un verbe actif, on peut présumer qu'il lui donne une double force, qu'il présente, pour ainsi dire, deux actions réunies en une seule idée ; nous avons fait une chose, et cette chose est le *habiller* eux, elles, etc.

§ 8. *Participe passé des verbes unipersonnels.*

Les participes passés des verbes unipersonnels, ou pris unipersonnellement, sont toujours invariables.

EXEMPLES.

Les grands froids *qu'il a fait* cet hiver.
Les grands hommes qu'il *y a eu* en France.

§ 9. *Participe passé des verbes coûté et valu.*

Les participes passés des verbes *coûter* et *valoir* sont invariables quand ils désignent une valeur pécuniaire ; dans tous les autres cas, ils suivent la quatrième règle, parce qu'alors ils sont employés dans un sens actif, tandis que dans le premier cas ils sont employés dans un sens neutre. D'après ces deux règles, nous dirons :

Les sommes que ce procès m'a *coûté* ;
Les sommes que cette maison a *valu*.
Les peines que vous m'avez *coûtées*.
Les honneurs que mon habit m'a *valus*.

§. 10. *Participe passé, précédé du mot le peu.*

Le participe précédé du mot *le peu* s'accorde avec ce mot, lorsqu'il désigne le manque, que ce manque soit absolu ou non ; mais il s'accorde avec le complément du mot *le peu*, si ce dernier indique une quantité quelle qu'elle soit.

Au reste, nous ajouterons qu'il faut moins s'attacher au sens matériel du mot, qu'à celui que peut présenter la réunion de toutes les idées de la phrase.

EXEMPLES.

1° *Le peu* de succès que nos armes ont *eu*, est dû à l'incapacité de nos généraux.

Ici, dès qu'il y a incapacité dans les généraux, il est évident qu'il y a nullité de succès, donc, accord avec le mot *le peu*.

2° *Le peu* de succès que vous avez *obtenus* sont dûs aux soins de vos maîtres.

Ici, pour que les succès soient dûs aux soins des maîtres, il faut qu'il y en ait eu ; donc, accord avec le complément du mot *le peu*.

§. 11. Les participes *attendu*, *vu*, *supposé*, *excepté*, *y compris*, *ci-joint*, *ci-inclus*, sont invariables lorsqu'ils précèdent le substantif qu'ils qualifient, parce qu'alors ils sont considérés comme des espèces de préposition ; *attendu* les événemens, des événemens *attendus* ; je vous envoie *ci-joint* deux lettres, vous trouverez mes deux lettres *ci-jointes*, etc.

PARTICIPE PRESENT.

Le participe présent, ou plutôt la terminaison *ant* indique sous une seule forme, tantôt une espèce de mots, tantôt une autre, c'est-à-dire, qu'elle se présente, ou comme adjectif-verbal, ou comme participe. Il s'agit donc de reconnaître dans quel cas cette terminaison indique l'une ou l'autre de ces deux espèces de mots ;

1° L'adjectif-verbal ne peut point avoir de complément ;

2° Il indique un état, une habitude permanente dans la personne dont on parle.

C'est dans ce sens qu'on dit : cette femme est *obligeante*, son humeur est *prévenante*, elle est encore *souffrante* des suites de sa maladie.

Cet exemple justifie les deux règles données, car les mots désignés par la terminaison *ant*, désignent un état, une habitude, et ne sont pas, d'ailleurs, susceptibles de recevoir un complément.

Le participe présent peut avoir un complément ; il ne désigne ni état, ni habitude permanente, il n'exprime qu'une action de circonstance et passagère.

Madame votre mère est toujours *obligeante*; partout on la rencontre *secourant* l'indigence, *consolant* le malheur, *obligeant* tous ceux qui s'adressent à elle.

Outre ce cas qui est bien facile à saisir, j'ajouterai que dans quelques autres circonstances il peut y avoir doute, si le mot terminé en *ant* peut être regardé comme participe présent ou comme adjectif-verbal, mais ici même ce doute ne peut donner lieu à aucune difficulté, car c'est à celui qui écrit de consulter son goût, selon, qu'il veut désigner l'état ou l'action; je ferai toutefois observer que le doute ne peut jamais avoir lieu quand il y a un régime direct.